La Pelote Basque

La Grande Semaine 1928

(Du 26 Août au 2 Septembre)

Point n'est besoin d'autre titre ni d'un long commentaire. Lorsque dans les milieux sportifs français et étrangers on parle de la « Grande Semaine » insérée cette année comme un pur joyau dans le calendrier si riche et si varié des fêtes euskariennes, chacun sait que cette grande manifestation d'un grand et noble jeu est synonyme de beauté.

La Grande Semaine de Sports Basques, organisée depuis 1921 par la F. F. P. B., a toujours connu le plus éclatant succès grâce à son caractère exclusivement sportif et au concours que lui prêtent les meilleurs pelotaris des Pays Basques français et espagnols.

*
**

Durant huit jours, ce sont des hommes de même race, mais de villes ou de pays différents, qui s'affrontent au soleil des frontons pour l'honneur et pour la gloire.

Notre ami Gaston Bénac, parlant de la Grande Semaine, en rappelait l'an dernier la haute signification: car on se tromperait étran-

gement si on voulait voir dans cette suite de parties nationales et internationales un spectacle plus ou moins pittoresque à qui le sport servirait de prétexte.

Voici ce qu'écrivait Bénac :

« Et voici revenu autour des frontons en fête la Grande Semaine de Sports Basques, manifestation devenue classique, d'année en année plus importante, plus suivie, plus élégante tout en conservant son cadre local, si prenant, si bourré de traditions.

« L'œuvre de la Fédération Française de Pelote Basque, dirigée magistralement par ce grand sportif qu'est le député Jean Ybarnégaray, a réalisé cette chose étonnante pour ceux qui connaissent l'indépendance de la race basque en général, des joueurs de pelote en particulier : grouper tous les Basques aimant le jeu de la pelote, les discipliner, les diriger, les organiser sans que personne ne récrimine, ne discute, ne proteste. Ce sport où la fantaisie seule servait de loi, où chacun jouait selon son bon plaisir et n'admettait nul contrôle, s'est transformé en peu de temps, organisé avec méthode et ordre comme bien peu de sports le sont actuellement.

. . . .

*
**

La Fédération de Pelote ouvrira la Grande Semaine de cette année sous les meilleurs auspices, fière du nombre considérablement accru de ses Sociétés et de ses pratiquants, heureux de voir l'Espagne organisée lui tendre la main, joyeux de constater qu'un peu partout elle a fait des adeptes, et qu'aussi vers elles vont bien des espérances.

. . . .

La Grande Semaine se déroulera cette année en Basse-Navarre, dont Saint-Jean-Pi d-de-Port est la citadelle avancée. Cependant, pour faciliter l'organisation, il a été admis que certaines villes de la province voisine : le Labourd, participeraient elles aussi à ces fêtes du muscle.

Durant huit jours, à Saint-Jean-Pied-de-Port (26 août), Saint-Etienne-de-Baïgorry, Hasparren, Cambo, Espelette, Louhossoa, Saint-Palais, tous les jeux pratiqués par nos pelotaris seront présentés aux amis des sports basques.

Il n'y aura pas moins de quatre parties internationales.

A la liste de ces importantes compétitions il convient d'ajouter six finales des championnats de France, les unes au grand et au petit chistera, ainsi qu'à pala, les autres au rebot, à pasaka et à mains nues en place libre.

En outre, les « jeunes de moins de seize ans » auront à défendre leurs chances dans la « Coupe des Jeunes », tant au Yoko-Garbia qu'à mains nues.

*
**

A la veille de la manifestation qui remue chaque année si profondément les foules sportives, non seulement en France et en Espagne, mais en Angleterre, jusqu'en Amérique, nous devrons souligner le puissant intérêt qui s'attache aux deux premières journées, au France-Espagne à mains nues en place libre, et au France-Espagne à pala où le champion du monde de courte paume, le Français Pierre Etchebaster redeviendra ce qu'il était, un admirable joueur de pelote basque.

Le Marché à Espelette, de Jacques Le Tanneur.

*Voici Madame,
Monsieur
l'équipement
idéal qui répond
à tous les besoins*

Se porte à la main
S'enregistre comme bagage
S'arrime sur le marchepied
de votre voiture.

Contenance : 4 Costumes
et tout le linge.
Poids :
10 k. 700 grammes

**LA MALLE
"PORTABLE"
PRIX : 500 FR**

*à peine le
prix d'avant-guerre*

DÉMONSTRATION ET VENTE

INNOVATION - BAYONNE

1, Rue Thiers — BAYONNE

PROGRAMME OFFICIEL

DE

la Grande Semaine de Sports Basques

26 Août — 2 Septembre 1928

La Grande Semaine de Sports Basques est placée sous le haut patronage des ministres de la Guerre, de la Marine et de l'Instruction Publique ; elle est organisée avec le concours des pouvoirs publics, des municipalités, des sociétés sportives et des Syndicats d'Initiative des villes intéressées.

En voici le programme complet :

Dimanche 26 Août. — Saint-Jean-Pied-de-Port, 10 heures : Réception officielle et cérémonie religieuse traditionnelle ; à 17 heures : au Fronton Municipal, France-Espagne à mains nues (toutes catégories).

Lundi 27. — Saint-Jean-Pied-de-Port, 16 heures : France-Espagne à pala (amateurs) ; 17 heures : France-Espagne au yoko-garbia (toutes catégories).

Mardi 28. — Hasparren, 11 heures : France-Espagne au rebot ; 16 heures : Coupe des Jeunes à mains nues en place libre.

Mercredi 29. — Saint-Etienne-de-Baïgorry, 11 heures : Championnat de France au rebot ; 16 heures : Championnat de France à pala ; 17 heures : Championnat de France à mains nues.

Jeudi 30. — A Cambo, à 16 heures : Réception officielle à l'Hôtel de Ville ; 17 h. 30 : Championnat de France de blaid à chistera, sous la présidence de M. Strauss, ancien ministre.

Samedi 1er Septembre. — A Louhossoa, à 15 heures : Réception officielle et inauguration de la plaque de marbre érigée à la mémoire de Larralde ; à 17 heures : Coupe des Jeunes au yoko-gorbia.

Dimanche 2. — Saint-Palais, 11 heures : Congrès de la F. F. P. B. à la Mairie ; 15 heures : Finale du Championnat de France à pasaka ; 17 heures : Finale du Championnat de France au yoko-garbia.

L'affiche éditée par la F. F. P. B., primée au concours, et qui figure sur notre couverture est l'œuvre du Maître R. PORTEFIN.

Voir à la fin du volume les résultats de la Grande Semaine 1927

1928 LA COTE ENCHANTÉE

LA PELOTE BASQUE !

Sous le Haut Patronage de la Fédération Française de Pelote Basque

Vendue avec le Programme Officiel durant la Grande Semaine de Pelote Basque

Direction : Jacques de St-Pastou. - *Principaux Collaborateurs :* Jean Ybarnégaray, A. Lichtemberger, Pierre Faillot, Gaston Bénac, André Frois, Jean Lamarque, R. de Cardenal, Jacques Le Tanneur, C. Colbert, Planes, Burgade, Jacques Bérifz, etc, etc., etc.

Le Député Jean YBARNÉGARAY, Président de la Fédération Française de Pelote Basque

Edité par M. FREDI-SALZEDO, 1, Rue d'Espagne, Biarritz

C

en cas d'accidents
BAUME DES PYRÉNÉES
qui guérit les entorses
les foulures les contusions
les brûlures les douleurs
les plaies les plus rebelles
gros & détail
FELIX CAMPAN
quartier des arènes
BAYONNE

AINSI CHANTAIENT LES "KOPLARIS"

A la Gloire de la Pelote

par Jean LAMARQUE

Membre du Conseil de la F. F P. B.

A Jean Ybarnégaray, le député-pelotari.

Sous le blanc préau de l'école, naïvement enguirlandé, le repas de fête s'achève.

Les derniers triangles du « gâteau à la broche » doré ont disparu, généralement bousculés par un vieil « Irouléguy ».

Sur la toile écrue, rayée de bleu, fume le café noir dans les tasses épaisses.

Les beaux parleurs ont discouru, bruyamment approuvés.

Appels sonores et rires larges éclatent en fanfare.

Un chant monte, majestueux. Un autre lui succède, endiablé...

Et parmi ce remous où bouillonne la joie, s'étale, par instants, une nappe de silence...

L'heure est douce : il fait bon vivre. Les regards attendris se posent à loisir sur le décor familier.

Toute proche la « place » au mur jaune, immuable, sereine, s'arc-boute

aux contreforts près de l'église, faisant corps avec elle, au point qu'on les croirait taillés dans la même pierre.

Au fond, douce, discrète, la montagne basque s'allonge...

*
* *

Deux salves de bravos. A chaque bout de la table un homme vient de se lever.

Bérets en mains, tête droite, leurs regards se croisent. Il y a un sourire au fond de leur défi...

Jean YBARNÉGARAY

Quel contraste entre ces deux hommes.

L'un, le Labourdin, bientôt vieux, est courtaud, taillé en force. Sa face rasée est large, luisante, rutilante. Il y danse un rire éternel qui pince ses lèvres et plisse ses yeux.

L'autre, le Souletin, très jeune, est mince, nerveux. Son visage pâle, presque maladif, est barré par une légère moustache. Une gravité mélancolique le voile. Mais une flamme malicieuse brille pourtant au fond de son regard.

PELOTARI, de JACQUES LE TANNEUR

Et la joute commence entre les « Koplaris ». Le Labourdin lance ses « Koplak » d'une voix éclatante, cuivrée. Un vers n'attend pas l'autre. Il souligne le trait final d'un geste de joueur qui écrase la pelote.

Le Souletin chante les siens posément, d'une voix légère de ténor aux modulations très douces. Son corps reste immobile. Seule une inflexion de la tête marque la fin de chaque couplet...

Parmi les bravos éclatants, les rires brusques, les silences émus,

Les deux « Koplaris » longuement, vont égrener leur hymne à la Pelote Basque...

***

"Le Pelotari" cire perdue de Gabriel Rispal.

« Fille d'une noble maison,
Tu as vraiment lieu d'être fière
Quand tu contemples le blason
Gravé sur sa maîtresse-pierre...
Mais le Basque, jeune héritière,
A, s'il est digne de son nom,
Plus d'orgueil pour son vieux fronton
Que toi pour ta gentilhommière... »

« Au stade, en mer, dans le désert,
Voyageurs, matelots, athlètes
Aiment déployer sur leurs têtes
Le pavillon qui leur est cher...
Autant que d'un drapeau qui flotte
Et porte, dans ses plis soyeux,
Un bouquet de noms glorieux,
Le Basque est fier de sa pelote... »

« Quand est-elle née ?... En quel lieu ?...
Les vieux déchiffreurs de grimoires
Ne savent rien sur son histoire.
Elle est si ancienne, grand Dieu,
Qu'on prétend que le premier homme
(Tant pis pour qui me contredit),
S'exerçait à la courte paume
Dans le jardin du Paradis... »

« Autant qu'un bel arbre a de branches
Notre Pelote a de rameaux...
Parmi tous, quel est le plus beau ?...
Dur problème ! Hardi qui le tranche... »

« Moi, le vieux *rebot* d'autrefois
A mes préférences. Je vibre
Quand la pelote dans l'air libre
Monte très haut, ou quand, parfois,
Autour du trépied où l'on butte,
Entre les avants il y a
Une longue, une âpre dispute
Pour le gain de quelque « arraya ».

« Moi, je l'aime lorsqu'elle siffle
En quittant le long chistera
Et va frapper sa rude gifle
Sur le mur qui la renverra...
Mais j'avoue que je la préfère
A « limpio », dans le petit gant
Qu'elle quitte vite, trop fière
Pour s'y attarder longuement. »

« Laissez donc l'osier pour les chaises
Et pour les berceaux des marmots.
Mains de joueurs veulent leurs aises :
Ces jeux ne sont pas les plus beaux...

Vive donc le blaid à main nue
Où le joueur ne se met pas,
Sous couleur d'atteindre la nue
Une rallonge au bout du bras... »

« Plus encor que retentisse
Ta louange, vrai roi des jeux,
O Trinquet farci de malice
Dont chaque coin est périlleux :
« Tambour », où roule la pelote,
« Pan coupé » qui donne l'effet,
« Silo » sournois qui l'escamote,
Et « filet » où le point se fait... »

« Pour tout dire, enfin : en raquette,
A « pasaka » comme à « pala »,
Pelote rapide et coquette.
Jamais nul jeu ne t'égala...
Aussi, dans le fervent hommage
Que le peuple basque te rend,
On ne compte pour rien ni l'âge,
Ni la profession, ni le rang. »

« Le petit « gizon » (1), sans relâche,
Te fait claquer sur tous les murs;
Après vêpres, plus d'un vieux tâche
De courber pour toi ses reins durs...
Sur la même place, le prêtre
Joue avec ses bons paroissiens
Et l'instituteur trouve... un maître,
Dans tel ou tel de ses anciens. »

« Le député, champion de France,
Fine langue et rude jouteur,
Vient crânement courir sa chance
D'être battu par... l'électeur.
On dit même — Dieu me pardonne —
Que les femmes jouaient, jadis,
Que Tita, puissante matrone,
A elle seule, en valait dix... »

*
* *

« Pelote Basque, notre reine,
Ton vieux fief ne te suffit plus;
Tes servants fidèles t'entraînent
Vers des rivages inconnus.
Déjà le fronton se profile
Aux abords de mainte cité,
Et Paris, Paris la grand'ville,
S'éprend de ta mâle beauté... »

« Va, pelote, poursuis ta route...
Mais reste Basque. Nos aïeux
Ne s'attristeraient pas, sans doute,
De te savoir sous d'autres cieux;
Mais ils maudiraient tes apôtres
Et leurs projets ambitieux
Si tu grandissais chez les autres
En cessant de vivre chez eux... »

« Car ta gloire est liée au destin d'une race...
Tout ce que nous aimons demeurera vivace
Tant que l'on entendra
Contre la bonne terre et le mur d'une place
Ces battements du cœur de l'Eskual-Herria. »

JEAN LAMARQUE.

(1) Prononcez « guisson ».

EMAK-HOR ! composition de Lefevre.

Pierre ETCHEBASTER

devenu en 1928 Champion du Monde de courte paume excelle dans tous les jeux de pelote basque.

C

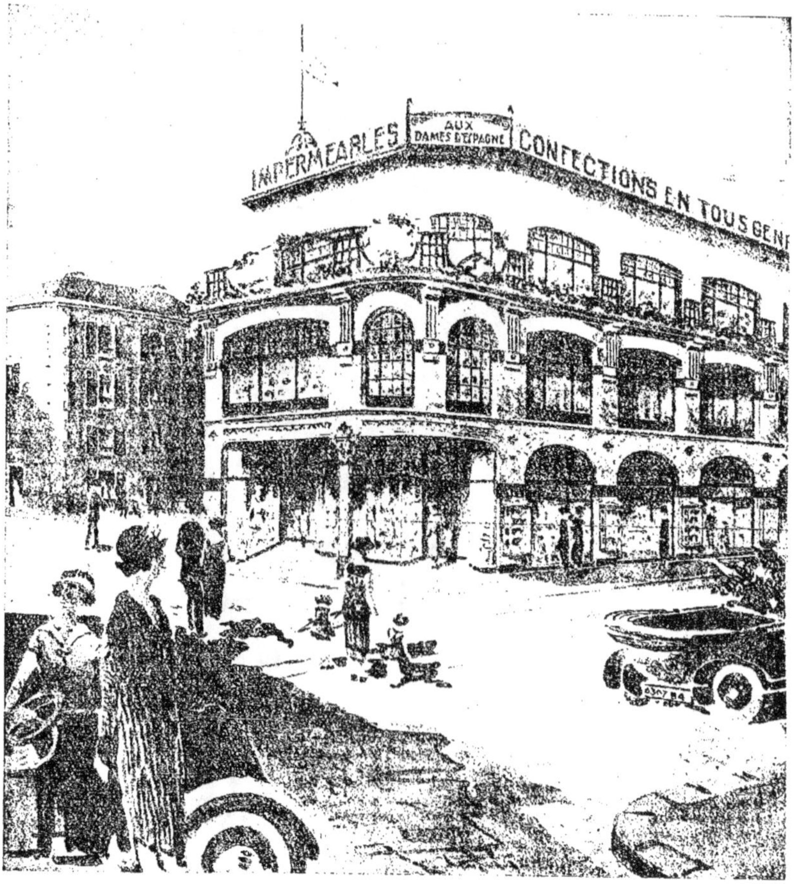

"A L'ÉLÉGANCE"

HENDAYE

GRAND MAGASIN DE NOUVEAUTÉS

Le meilleur marché de toute la région

La Fédération Française de Pelote Basque

par Jacques BÉRITZ

Chiquito de Cambo en pleine action dans la partie France-Espagne (Salies-de-Béarn 1923)

Si « pour entreprendre il avait été nécessaire d'espérer », jamais la Fédération Française de Pelote Basque n'aurait, sans doute, vu le jour... du moins au Pays Basque.

Nul plus que le Basque n'est, en effet, jaloux de son indépendance; nul plus que lui n'est réfractaire à l'idée même d'association; et lorsqu'il s'agit de son jeu national et de ses traditions, il se met « en boule » et jetterait volontiers dehors l'imprudent qui, sous prétexte de législation sportive, viendrait lui imposer des disciplines. C'est dans ces conditions peu favorables que fut cependant votée à Bayonne, le 3 janvier 1921, par une quinzaine de personnalités euskariennes et les représentants d'une trentaine

de sociétés, naguère affiliées à l'unionn des Sociétés Françaises de Sports Athlétiques, la transformation du Comité Directeur de Pelote Basque en Fédération Française de Pelote Basque. Le nouveau groupement était donc issu de « L'Alma Mater » du sport athlétique français.

Je me rappelle comme d'hier ce Congrès préparé par mon alter ego Jacques de Saint-Pastou. Dès l'origine nous eûmes heureusement la bonne fortune de compter sur le concours d'amis jouissant dans le pays d'une haute notoriété : Jean Ybarnégaray, Choribit, tous deux députés des Basses-Pyrénées, Fernand Forgues, Colonel Iraçabal, Henri Heugas, Abbé Dominique Doyhénart, Amarant de Souhy, Docteur Anthony...

La foi sportive qui nous animait, la sincérité et le désintéresement absolu de notre action, la connaissance du milieu, et par-dessus tout l'amour passionné que nous avions voué depuis longtemps à la Pelote Basque firent le reste.

Une à une les préventions tombèrent et les difficultés qui semblaient devoir être insurmontables, furent rapidement vaincues.

Les pionniers de la F. F. P. B. qui aujourd'hui ont la grande joie d'assister à l'épanouissement de leur œuvre, durent au cours des quatre pre-

Pointes sèches : Léon Dongaitz, Arcé, Ybar

mières années de leur apostolat mettre en pratique le précepte du Sage : « Pour réaliser obscurément quelques progrès, il faut choisir deux ou trois idées, s'y appliquer méthodiquement et patiemment et ne passer à une autre qu'après avoir obtenu satisfaction pour la première. Il faut avoir livré souvent au milieu de l'indifférence et des embûches de dures batailles, et les avoir gagnées. »

La F.F.P.B. exerce actuellement sa juridiction sur les pelotaris de 86 clubs et 40 associations scolaires répartis entre : le Comité de Paris (12 sociétés omni-sports et 4 sociétés spécialisées, plus 34 associations scolaires et universitaires); le Comité de la Côte d'Argent (9 sociétés omnisports et une spécialisée); le Comité de Béarn-Landes-Bigorre (19 sociétés omni-sports et 3 associations scolaires) enfin le Comité du Pays Basque de beaucoup le plus important par la qualité et la quantité de ses effectifs (41 sociétés dont 32 spécialisées et 3 associations scolaires).

Il existe de plus, deux sociétés affiliées à Toulouse, mais qui n'ont participé jusqu'ici à aucune compétition officielle.

Il ne faudrait pas croire cependant que l'on joue à la Pelote Basque uniquement dans ces régions. Cette année la Fédération a reçu un certain nombre de demandes de renseignements émanant de clubs catalans, provençaux et de la Côte d'Azur. Il existe en outre un fronton à Toulon, au

Un Artiste, Robertito

Cette originale exposition d'art photographique attire l'attention et charme à la fois le regard et l'esprit. Portraits ou paysages, aux factures variées, semblent reproduire les œuvres des meilleurs maîtres, ceux du passé comme les plus modernes Cependant les figures et les sites, familiers à nos yeux de Biarrots, dénotent sans conteste une origine récente et locale. Et la même signature **Robertito** affirme l'unité d'un talent extraordinairement souple.

Ses vivantes compositions ont l'attrait de véritables œuvres d'art. D'où leur vient cette supériorité sur les travaux vus chaque jour ? Le secret de **Robertito**, c'est d'étudier sans cesse et d'appliquer les étonnants progrès techniques de la photographie, dus surtout à l'expérience cinématographique, et de les allier intimement à ses remarquables dons d'artiste. Fusain, pastel, gouache ou pointe sèche, même le crayon aiguisé par l'humour, il dispose avec une singulière facilité de ces divers moyens d'exécution et tour à tour les adapte au sujet, en sachant demeurer dans la note discrète et élégante Ainsi chacune de ses œuvres s'inspire d'une formule plastique judicieusement appropriée et réalisée sous le contrôle d'un goût très sûr.

Ce « moins de trente ans » a su innover dans une branche d'art où la tâche est particulièrement délicate. Comment s'étonner de son rapide et magnifique succès ?

Le Pays Basque et Biarritz peuvent s'enorgueillir de posséder un tel artiste.

foyer des Equipages de la Flotte, et un autre à Perpignan à proximité des terrains de l'U.S.P. D'autre part, quelques groupements du Nord et du Centre semblent vouloir s'intéresser à la Pelote puisqu'ils ont exprimé le désir d'en connaître les règles.

C'est là une indication précieuse pour l'avenir. Sans aucun doute, si un effort sérieux était entrepris auprès des scolaires et des universitaires, la Pelote, du moins dans l'une de ses formes les plus simples, le jeu à mains nues contre un mur, prendrait rapidement une place de choix parmi les exercices physiques recommandés à l'enfance et à la jeunesse.

Mais à ce point de vue, les dirigeants sont encore timorés et ils négligent la propagande.

D'explications, nous n'en trouvons pas d'autres que les suivantes : la Pelote Basque aux dires de beaucoup n'est pas « un article d'exportation ». Pour s'épanouir il lui faut l'ambiance et le soleil du Midi. Allant plus loin dans cette voie, certains déclarent même que les bienfaits de ce jeu doivent être réservés à ceux qui en sont les inventeurs ou tout au moins les conservateurs.

ÉTUDE, de Roby.

C'est là une conception un peu trop étroite du régionalisme. La Pelote, il est vrai, est pratiquée dans nos provinces basques par tout un peuple : elle a donc un caractère national. Pas un village du Labourd, de la Soule, ou de la Basse-Navarre, qui ne possède un ou plusieurs frontons; pas un enfant, au sortir de l'école, pas un jeune homme, au retour des champs, qui ne fasse « une partie ». On s'explique dès lors cette sorte d'exclusivisme qui fut à l'origine du choix de Bayonne comme siège de la F.F.P.B. D'aucuns y ont vu une cause d'infériorité. Peut-être auraient-ils raison s'il n'existait à Paris un Bureau et un Délégué permanents grâce à quoi la liaison est assurée avec les pouvoirs publics et les autres Fédérations.

Quoi qu'il en soit, l'importance est de conserver intactes les traditions et dès l'instant que la direction de la Fédération est assurée par une majorité de Basques, il n'y a aucun inconvénient à répandre le plus possible en France la pratique d'un sport, où, selon l'expression du Dr Tissié, « toutes les parties du corps travaillent en quantité et en qualité ».

La F.F.P.B. est administrée par un conseil qui délègue tout ou partie de ses pouvoirs à son bureau. Tous les pelotaris peuvent participer directement ou indirectement à la gestion de la Fédération. Cette participation est directe lorsqu'ils sont délégués à l'un des Comités régionaux.

Le premier bureau de la Fédération Française de Pelote Basque eut à sa tête : président, Jean Ybarnégaray; vice-présidents, Choribit, Colonel

Iraçabal, abbé Blazy et A. de Souhy; secrétaire général et délégué permanent à Paris, Jacques de Saint-Pastou; secrétaire à Bayonne, Christian d'Elbée; trésorier, Jean Haïtse; membre, Fernand Forgues.

La plupart de ces ouvriers de la première heure sont encore aujourd'hui en fonctions.

La F.F.P.B. fut la première à réaliser quelques innovations dont l'expérience a prouvé l'opportunité.

Au point de vue de l'organisation régionale, ses comités régionaux jouissent d'une large autonomie.

Ayant admis le professionalisme à côté de l'amateurisme, la F.F.P.B. autorise, sous certaines conditions, les rencontres entre joueurs des deux catégories; elle encourage les défis et accepte qu'un camp appuie sa chance d'un enjeu.

L'œuvre de la F.F.P.B. s'est traduite par des résultats déjà appréciables : outre l'organisation de ses Championnats de France, et de l'annuelle Grande Semaine de Sports Basques, si riche en parties nationales et internationales, elle s'évertue à aider pécuniairement à la restauration et à l'édification de frontons. Elle favorise, au Pays Basque, l'éclosion de centres d'entraînement et elle distribue annuellement un contingent de chistéras et de pelotes. De plus, grâce à des prodiges d'économie, elle prélève chaque année sur ses maigres ressources 20.000 fr., distribués à ses comités régionaux au prorata du nombre de clubs ayant participé à des compétitions officielles.

Elle a encore tenté un effort méritoire pour faire connaître la Pelote « **urbi et orbi** » en édifiant le Fronton de Paris et en faisant inscrire, comme sport de démonstration aux Jeux Olympiques de 1924, le sport cher à Arcé et à Albert Harispe. La Fédération s'emploie enfin à ressusciter certaines variétés du jeu national telles que : le rebot et le yoko garbia.

N'ayant pas eu d'histoire, la F. F.P.B. peut passer pour une Fédération heureuse.

Jacques BERITZ.

Croquis de Ramiro ARRUÉ

PAYSAN ARAGONNAIS ALLANT A LA CORRIDA, de JACQUES LE TANNEUR

Hommage au Rebot

PAR

André LICHTENBERGER

CHILHAR
ancien Champion de rebot et de yoko-garbia
entouré de
deux jeunes Champions de France.

Le jeu de pelote apparaît une des coutumes si caractéristiques du peuple basque que, dans une dissertation érudite que j'avais naguère sous les yeux, l'auteur se demande gravement si, du fait que le jeu de pelote se retrouve chez tous les peuples, il ne fallait pas conclure qu'à un moment donné les Basques avaient étendu leur domination sur le monde entier.

Sans nous abandonner a des rêveries d'un orgueil aussi impérialiste, je suis très reconnaissant à la Fédération Française de Pelote Basque d'en entretenir le culte.

Et c'est avec une gratitude toute particulière que parmi tant d'efforts heureux, je veux saluer ceux qu'elle a accomplis pour la remise en honneur du jeu de rebot.

Rien n'égale la fraîcheur de nos premières impressions d'enfance. A nos yeux tout neufs, les visions qui la peuplent sont d'un éclat dont rien n'approchera plus tard et qui persiste jusqu'à jeter une lumière sur notre déclin.

Je me souviens d'un petit bonhomme fragile qui, il y aura bientôt un demi-siècle, demeurait de longues heures à errer sur la plage de St-Jean-de-Luz. Seul en apparence, il s'environnait, à part lui, d'un monde merveilleux ; car les héros d'Homère et ceux de Jules Verne, ceux de notre bon La Fontaine et ceux de Madame la comtesse de Ségur gambadaient avec lui sur le sable, depuis le goulet de Ciboure jusqu'à la pointe de Sainte Barbe.

Toutefois, il était des jours féeriques ou brusquement les images de la réalité devenaient plus majestueuses et plus émouvantes que toutes celles des poètes et des conteurs. C'étaient ces dimanches inoubliables où, pas bien loin de l'église, sur l'antique jeu de pelote de la ville. disparu depuis combien d'années ! se disputaient les grandes parties de rebot.

Je n'arrive pas encore aujourd'hui à me définir exactement — tant de choses nous demeurent mystérieuses dans la sensibilité enfantine — les raisons profondes qui revêtaient d'une telle magnificence ce spectacle, dont assurément lui échappaient bien des vertus, aux yeux de ce garçonnet des pays du Nord. Le vieil homme qu'il est devenu sent encore son cœur bondir à évoquer ces *Iliades* où, sous l'œil invisible des Olympiens, Haïtza, le colosse d'Hasparren, plus gigantesque qu'Ajax, fils de Telamon, et secondé par Chilhar, rusé comme Ulysse, refoulait avec une vigueur prodigieuse la sèche pelote, engagée au nom des Troyens par le geste précis du butteur Agostin Velloqui, surnommé El Moreno, impeccable second du Manchot de Villabona, roi comme Hector.

Ah ! le va-et-vient fascinant de la petite sphère vibrante, tantôt envolée aux nues et tantôt fusant à ras le sol ; les poses nobles des guerriers ; les passes agiles et puissantes ; les mêlées confuses ; les clameurs de la foule enfiévrée à chaque point contesté jusqu'à ce que les Nestors réunis ("*Plaza ! Senores !*") prononçassent l'arrêt, aussitôt signifié par la voix sonore du héraut Calchas, en même temps qu'un rameau vert en marquait l'empreinte sur le sol.

Avec quelle majesté, au coup de l'angélus de midi, tous les fronts se découvraient, et s'arrêtait la bataille des hommes pour saluer Dieu.

Je me souviens des brillants débuts d'un éphèbe rustique, (issu d'Ascain ou d'Arcadie !) il s'appelait Otharré et, bien plus tard, enseigna le jeu à Pierre Loti, élève fort médiocre auprès de nos jouteurs d'aujourd'hui.

Oui, c'étaient là d'admirables visions de force, de grâce et de souplesse.

Je ne méconnais certes pas la puissance du blaid au grand chistera, l'admirable valeur athlétique de la pelote à main nue, qui, au trinquet, devient un spectacle passionnant de finesse, d'agilité et de vigueur. Pour moi, le jeu de rebot demeure inégalable par sa variété et sa richesse, le renouvellement incessant de ses aspects. Et c'est avec un plaisir profond que je suis les progrès que dans ces derniers temps y ont accomplis nos amateurs.

Cette année à Louhossoa doit être inauguré à l'occasion de la « Grande Semaine de Pelote Basque » un médaillon de Larralde, champion inoubliable.

J'espère bien assister de corps à cette cérémonie. Je suis sûr que j'y serai detoute mon âme, comme à une de ces apothéoses où les Hellènes, dans la figure d'un athlète glorieux, saluaient l'incarnation d'une patrie et un fils privilégié des dieux.

André LICHTENBERGER.

"Cire perdue", de Gabard.

Jacques Le Tanneur

Les Basques constatent avec une surprise, mélangée d'orgueil et aussi d'une sage ironie, que leur pays est, depuis quelques années, l'objet de l'engouement général. Comme le flot de l'Océan bat leurs rivages, l'afflux des touristes déferle sur leurs routes. Tout le long du golfe étincelant, les chalets poussent comme des champignons. Autour des frontons où les pilotaris rivalisent d'adresse et de force ; le long des rues de la vieille ville où défilent derrière une statue écrasée d'ornements, des cohortes de jeunes hommes en pantalons blancs et bérets rouges qui tirent des feux de salve vers le ciel ; devant l'estrade où des danseurs aux vestes chamarrées bondissent droits et graves, avec une telle légèreté qu'on cherche au bas de leurs mollets ronds les ailes de mercure ; partout où les traditions locales s'affirment, on voit accourir la foule des curieux extasiés... Chez les hôtes d'une saison qui roulent dans

leurs limousines, comme chez les voyageurs d'un jour secoués dans les autocars, ce n'est qu'un cri " que ce pays est beau et que nous l'envions ".

Quand un vieux Basque. assis dans sa cheminée, sous le jambon et la guirlande de piments rouges, recueille les échos de cette enthousiasme, je ne serais pas surpris que ce fût avec un haussement d'épaules, car il a conscience que ces passants trop pressés n'ont rien compris... Le Pays Basque livre à tout venant ses montagnes d'améthyste, ses gorges où chantent les eaux vives. ses coteaux couronnés de chênes, ses plaines que le blé et le maïs revêtent d'un manteau d'or ; il ne cache rien de sa vie extérieure, mais il garde jalousement le secret de son âme...

Le Peuple Basque a résisté à toutes les invasions, même pacifiques. Il ne se hérisse pas, il ne résiste pas; il laisse passer, confiant dans sa forte personnalité; il se contente de rester lui-même en conservant sa foi, ses mœurs, ses usages, sa langue.

JACQUES LE TANNEUR. PELOTARI.

Un tel peuple, un tel pays, avaient de quoi tenter la curiosité des littérateurs et des artistes. Beaucoup sont venus.

Quelques-uns ont tiré un heureux parti des spectacles qui avaient enchanté leurs yeux. Mais combien sont-ils qui aient su voir et reproduire autre chose que la couleur, les lignes, l'apparence des êtres et des choses ?...

Pour déchiffrer et exprimer l'âme basque, il faut être Basque soi-même où y suppléer par un miracle d'amour et de patience.

Le cas de Jacques LE TANNEUR pourrait nous en fournir la preuve.

Jacques LE TANNEUR est né à Bordeaux, mais ses ancêtres maternels portaient le nom, très répandu en Eskual-Herria, de *Larre*, ce qui l'autorise à supposer qu'il a du sang basque dans les veines.

Tout enfant il venait régulièrement passer ses vacances à Biarritz : il reconnaît cependant, que, longtemps il ne sut apprécier de cette villégiature que les agréments futiles, la vie élégante, le luxe brillant et cosmopolite.

La poésie du Pays Basque, son charme profond, son originalité, lui furent revélés de façon assez curieuse, par une vieille maison (une des dernières de Biarritz. restaurée avec beaucoup de goût par M. Larrebat-Tudor, le très aimable architecte biarrot) et surtout par la contemplation des premières œuvres de Ramiro Arrué. Jacques LE TANNEUR ne se lasse pas de proclamer l'admiration qu'il a pour le génie (Francis Jammes a prononcé le mot) de Ramiro Arrué et saisit chaque occasion de lui payer le tribut de sa reconnaissance.

Notre ami a commencé tout jeune à dessiner...

Les marges de ses cahiers et de ses livres de collégien étaient couvertes de croquis qui témoignaient à la fois de dispositions exceptionnelles et d'une passion précoce pour l'art tauromachique.

Cette passion n'a fait que s'affirmer cependant que son talent ne cessait de se perfectionner.

La DONNET plaide sa cause sur la route

La marque qui monte.

La voiture qui grimpe.

Essayez la 12/14 C.V. Vous réaliserez ce qu'est une six cylindres.... au point....

ACCIDENT EN PAYS BASQUE, Fantaisie de **JACQUES LE TANNEUR**

Notre artiste fut d'abord l'interprète amusé des élégances et des petits ridicules de sa cité natale. Dans de nombreuses estampes que les amateurs se disputaient, comme dans son bel album " Les Heures Bordelaises ", il a non seulement reproduit avec une fidélité et une admirable sûreté de crayon, les silhouettes de quelques-uns de ses plus notables concitoyens, mais saisi sur le vif et pour jamais toute une société, dont le snobisme hautain s'allie d'ailleurs à de solides qualités provinciales.

Mais si Jacques LE TANNEUR a trouvé à Bordeaux de quoi satisfaire son goût pour la satire légère et indulgente, c'est au Pays Basque qu'il a pu donner libre carrière à sa sensibilité.

Depuis la guerre, il passe chaque année plusieurs mois à Guethary. Avec la foi d'un catéchumène, il s'est appliqué à connaître de mieux en mieux cette contrée et cette population vers lesquelles l'a ramené sans doute une hérédité longtemps en sommeil.

Sur le Pays Basque d'aujourd'hui et d'autrefois, il a lu, il a continué à lire tout ce que publient des auteurs compétents. Il n'est aucun point de la côte de Bayonne à Bilbao, aucun village de l'intérieur, de St-Jean-Pied-de-Port à Mauléon, qu'il n'ait exploré. Il a parcouru en tout sens l'Eskual-Herria du côté français comme du côté espagnol, à pied, à cheval, en auto, en avion. Il connaît sa petite patrie d'élection comme un Bordelais sa ville.

JACQUES LE TANNEUR, PÊCHEUR EN HAUTE MER.

Au cours de ses randonnées, il a recueilli d'innombrables notations caractéristiques, pour composer des scènes vécues où, volontairement, les personnages, les animaux, les édifices tiennent une place plus importante que le paysage lui-même.

Son ambition c'est d'être le peintre des mœurs basques.

Certes, il ne s'astreint pas à une copie littérale et chacune de ses œuvres est une synthèse largement conçue, tirée des détails recueillis en maints endroits divers. Mais il tient scrupuleusement à être exact et, pour une erreur qui lui avait été signalée dans le costume d'un danseur souletin, il n'a pas hésité à recommencer une aquarelle.

Il pense, après Ingres, que " le dessin est la probité de l'art ".

Trop modeste, il aime à dire qu'il serait satisfait si l'on accorde à ses gouaches et à ses aquarelles une valeur documentaire, si l'on rend hommage à son souci de la vérité.

Cet hommage, Jacques LE TANNEUR l'a déjà reçu. Le Musée Basque a

voulu posséder plusieurs de ses dessins et la Société des Sciences, Lettres et Arts de Bayonne l'a chargé de la représenter, après le regretté M. Goyetche, auprès de la Société des Études Historiques de la Gironde.

Mais qu'on ne s'y trompe pas, le mérite de JACQUES LE TANNEUR n'est pas seulement d'avoir fixé quelques-unes des formes les plus typiques d'un pittoresque local menacé par le cosmopolitisme niveleur et uniformisateur.

S'il lui plaît de minimiser son rôle, nous avons le devoir de lui rendre équitable justice.

Son œuvre n'est pas seulement digne de retenir l'attention des folkloristes ; elle a aussi les qualités qui enlèvent l'admiration des artistes et des poètes. Des artistes, parce qu'il s'agit d'un dessinateur qui n'ignore rien des secrets d'un métier difficile ; des poètes, parce que chacun de ses petits tableaux est un mélange harmonieux d'émotion et d'ironie et porte à l'esprit et au cœur en même temps qu'il enchante les yeux.

Mais ce qu'il faut surtout souligner ici, c'est qu'on retrouve dans l'œuvre de JACQUES LE TANNEUR un reflet de cette âme basque, dont nous parlions en commençant, de cette âme fière et hermétique, qui ne se laisse jamais conquérir de haute lutte, mais qui se donne parfois, rarement, quand il lui plaît et à qui a su le mériter.

GEORGES PLANES-BURGADE

LE RETOUR DU MARCHÉ, de JACQUES LE TANNEUR.

Les Fêtes sur la Côte Basque

Un Souvenir du Bal "Second Empire"

Une Sortie du Bal "Second Empire"

C'était au Palais, voici bientôt six ans, le soir du Bal Second Empire. Dans la grande salle des fêtes, les danses battaient leur plein.

La reine d'Espagne venait de prendre place sur un fauteuil entre Alphonse XIII et le shah de Perse, et aussitôt un petit cercle choisi s'était formé autour d'eux. La souveraine, superbe dans sa robe blanche, portait avec aisance un diadème d'émeraudes et le collier de diamants qui se déroulait jusqu'à sa ceinture, comme un serpent de feu, était formé des pierres les plus belles qui avaient sans doute déjà étincelé à la cour de Charles-Quint.

Tandis que le Roi des Rois, suprêmement ennuyé, semblait se demander : « Comment peut-on être Français ? », Alphonse XIII appréciait en connaisseur la haute fantaisie de cette nuit inoubliable. Tout à coup il se leva, alluma une cigarette, et faisant quelques pas dans la foule qui s'écartait devant lui, s'approcha d'un colonel de la Maison de l'Empereur, en tenue de gala, qui semblait, avec sa tournure jeune et ses cheveux à peine argentés, avoir été oublié par le temps et les événements pour continuer un service fidèle auprès des fantômes et des souvenirs de l'ancienne villa Eugénie. C'était Georges Scott, de l'**Illustration.**

La conversation s'engagea aussitôt, très animée, dépassant la durée ordinaire d'un simple échange de phrases banales.

Je me trouvais à ce moment-là avec le rédacteur en chef d'un journal connu, et cette petite scène qui ne nous avait pas échappé, commençait à nous intriguer vivement.

— Il me faut absolument savoir de quoi parle le Roi, dit mon compagnon. Approchons-nous et tâchons d'entendre. L'indiscrétion est une de nos vertus.

— Nous n'arriverons jamais à temps.

— Essayons toujours.

Hélas ! Il nous fallut bien dix bonnes minutes pour franchir les huit ou dix pas qui nous séparaient des deux interlocuteurs. Encore quelques escarpins éraflés, quelques crinolines froissées et nous arrivions. Mais déjà le colonel s'inclinait dans une révérence digne de Compiègne et le roi d'Espagne regagnait sa place.

— Nous sommes volés, murmurai-je.

— Pas encore. Je connais Scott.

Et de fait, il le connaissait et le pria de le renseigner.

— Je veux bien vous confier le sujet de notre entretien, mais à la condition que vous n'en parliez pas avant que je vous y autorise.

— Entendu.

Et Scott nous raconta qu'Alphonse XIII lui avait demandé de faire son portrait.

Nous félicitâmes l'artiste. Mais mon ami suivait son idée.

— J'ai promis de ne rien dire; mais promettez-moi de m'avertir le premier lorsqu'il sera permis de parler.

— Entendu, dit à son tour Georges Scott.

On se serra la main.

Six mois passèrent. Le journaliste tenant sa promesse, n'avait rien révélé. Le peintre, oubliant sans doute la sienne, ne s'était pas montré moins discret.

C'est en effet par les journaux de Madrid qu'on apprit que le roi d'Espagne avait inauguré, en présence de l'ambassadeur de France, une fort belle exposition de Georges Scott. On y admirait surtout un superbe portrait d'Alphonse XIII en uniforme de colonel de hussards.

R. DE CARDENAL.

NOCES D'OR - NOCES D'ARGENT
SUR LA COTE BASQUE

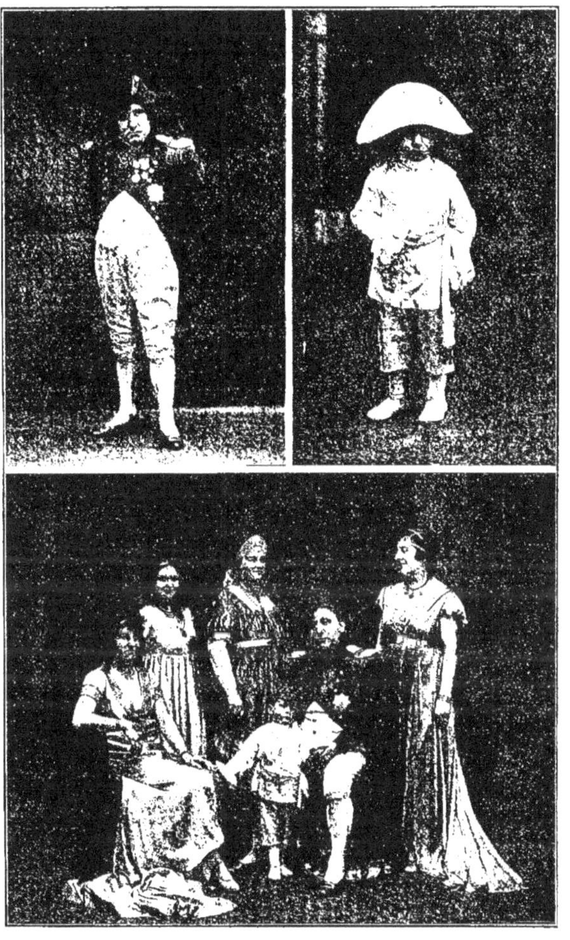

UN BAL PREMIER EMPIRE

Après le bal "Second Empire", une splendide fête "Premier Empire" a été donnée à Bayonne, cet hiver, par M. et Madame Gambade (père et fils) qui avaient l'heureux bonheur de célébrer à la fois leurs noces d'or et d'argent. — Voici M. et Madame Célestin Gambade (Napoléon Ier et Marie-Louise) ainsi que la Famille Impériale et leur charmant petit-fils, délicieux Roi de Rome.

LES PROGRÈS ACCOMPLIS

PAR

Gaston BÉNAC

Albert Harispe, champion olympique de pelote basque

BIARRITZ, SEPTEMBRE. — Promenant son enthousiasme et ses traditions de Fronton en Fronton des villes côtières submergées d'Espagnols, d'Anglais, d'Américains... de Parisiens, aux villages du vrai Pays Basque enfouis derrière des colines boisées, la Caravane de la Grande Semaine de Sports Basques a accompli une belle œuvre de propagande dans le bleu du ciel à peu près immuable. Que d'enseignements, que de leçons à retirer de la Grande Semaine, qui mit en évidence les progrès réalisés en un an et l'œuvre de diffusion en plein essor. Quelques constatations, quelques légères critiques aussi, qui appelleront pour plus tard des modifications, des transformations.

Dans cette rapide revue des résultats atteints par la Grande Semaine, constatons tout d'abord que les foules ne vinrent jamais aussi nombreuses aux manifestations de la pelote, que les performances furent dans l'ensemble très brillantes, que l'œuvre de la Fédération se manifeste de jour en jour plus utile, enfin que son contrôle même de ce beau sport est accepté de tous dans cette région où l'individualisme et l'indiscipline paraissent indéracinables.

Dans le sport du chistera, à grand gant, " atchiki" comme l'on dit ici, c'est-à-dire en gardant la balle, trois hommes, les joueurs de Guéthary : Harispe, Gélos et Magescas, le premier surtout qui portait des "cortadas" foudroyantes, se jouèrent de leurs adversaires et dominèrent nettement le lot national et international. L'arrière Martinez de Cambo fut un de ceux qui leur donna le mieux la réplique, mais ses partenaires n'avaient pas l'expérience des Guéthariens.

En ce qui concerne le match France-Espagne, nos amis de

l'autre côté des Pyrénées parurent manquer d'habitude du fronton et du jeu au grand chistera qui n'est plus guère pratiqué chez eux. A limpio, ou pour employer le nouveau terme à yokogarbia c'est-à-dire au petit gant sans garder la balle, l'équipe de l'Aviron Bayonnais, composée du député Ybarnégaray, de Fernand Forgues et d'Iribarne, fit merveille ; les trois hommes s'entendent parfaitement et le bras de l'ancien capitaine de l'équipe de France de rugby est extrêmement puissant. Mais l'équipe de Pau, composée du Dr Antony et des deux jeunes Prat, constitua une des révélations du tournoi. Elle se joua notamment de l'équipe d'Ustaritz, très expérimentée mais ayant besoin d'être rajeunie.

Au gant de cuir, au vieux jeu de pasaka, le jeune Loustalot, de Saint-Palais, fut encore le meilleur. Recalde, de St-Jean-de-Luz,

Equipe de Cambo, finaliste du Chmpionnat de France

lui donna bien la réplique et l'on regrette que ce jeu, qui rappelle un peu la paume, et le terrain avec filet au milieu du trinquet, soit si peu pratiqué. Je ne parlerai pas de la pala qui en est encore, de ce côté-ci des Pyrénées, à ses débuts ; les joueurs qui se mirent en ligne prirent figure de modestes élèves, Ce jeu est à encourager en utilisant les leçons que peuvent nous donner les grands virtuoses espagnols.

La pelote à main nue apparut en nets progrès. Chez les professionnels une escouade peu fournie mais très brillante, et nos deux meilleurs joueurs, Léon Dongaïtz, le vétéran toujours aussi brillant, et Arcé, l'arrière souple et complet qu'il ne faut pas

" CHISTULARIS ", de JACQUES LE TANNEUR

séparer dans les éloges, triomphèrent nettement des Espagnols Ulacia et Altuna. Naturellement, ni le grand Mondragones, retenu ailleurs, ni Atano III, boycotté par les autres joueurs espagnols, n'étaient là, mais Ulacia comme avant et Altuna au bras solide représentaient fort bien la pelote espagnole. La victoire des deux Français n'en fut que plus méritoire.

Dans le rayon amateur on croyait à la nette victoire d'un jeune homme qui va passer professionnel et qui est un véritable phénomène de la pelote. J'ai nommé Saint-Martin, de Villefranque. Il avait déjà battu des pros, il paraissait invincible. Et pourtant il fut battu en place d'Ustaritz dans la finale du championnat national par l'équipe du Sport Athlétique Bordelais composée de l'Espagnol Ledesma, de Bilbao, et Mourguiart, un Basque fixé à Bordeaux. Je sais bien que le co-équipier de Saint-Martin, Eskerra, fut très, très faible, mais Saint-Martin, brillant joueur, pouvait sinon mieux faire, du moins se montrer meilleur joueur. Sur la fin il ne lutta plus et parut pécher par une de ces qualités sans laquelle un grand athlète ne peut rien : le cran. Dommage, car il a de si belles dispositions. Mais Ledesma fut admirable de régularité au but surtout et le vétéran Mourguiart sortit une de ses meilleures parties. La foule les porta en triomphe, proclamant ainsi sa joie d'avoir vu vaincre surtout en eux les qualités morales de joueurs qui ne se découragèrent pas au début alors que chacun les proclamait battus.

Parmi les jeunes de nombreux espoirs, ceux d'Ustaritz et d'Hasparren notamment, mais un danger pour eux : les matches trop longs. Un ensemble excellent, une Fédération pleine de bienveillance, un président actif, éloquent, plein d'ardeur, qui fait chaque jour de nouveaux adeptes, une semaine qui se termine enfin d'une façon on ne peut plus satisfaisante.

Gaston BENAC

Partie internationale à pala (Grande Semaine 1925)

Ah ! Jeunesse

Par **Pierre FAILLOT**

A Fernand FORGUES

Le hasard est grand. Pourquoi m'a-t-il conduit à Saint-Jean-de-Luz en 1925 ? Il est évident qu'étant dans ce pays, il m'était impossible de ne pas y trouver un Fronton, et cela réveillait en moi des souvenirs vieux de vingt ans lorsque je jouais le premier match interscolaire de Paris (Ecole Gerson contre Ecole Duvigneau) sur le Fronton Borghèse et les premiers championnats interscolaires sur le Fronton Bineau.

Mondragones, Champion du monde de blaid à mains nues.

Comment alors, en évoquant ces souvenirs, ne pas me rappeler l'abbé Dibildos, l'abbé David, qui furent mes professeurs en même temps de Pelote Basque et de sciences, et ne pas prendre à nouveau un ' gant" pour me remettre à ce jeu que j'avais tant aimé.

La Pelote Basque fut en effet le premier sport que j'aie pratiqué, et j'ai toujours considéré qu'il avait été pour moi un appoint formidable dans ma carrière sportive.

C'est avec une joie d'enfant que je gantai le chistera et que cette année-là je refis mes débuts avec les gosses de Saint-Jean-de-Luz.

En rentrant, mon premier soin fut de reconnaitre le Fronton de Paris. J'en ignorais toute l'organisation, tous les dirigeants et c'est avec un plaisir infini que j'appris que toi, Fernand Forgues, mon vieux camarade de rugby d'avant-guerre, tu étais un des principaux animateurs de la Fédération Française de Pelote Basque.

Et cela aussi m'a rappelé de bons souvenirs : la révélation soudaine en rugby de ces équipes du Pays Basque dont les exhibitions fulgurantes, la vitesse et l'adresse générale de tous les joueurs marquèrent d'une pierre blanche les annales du rugby.

Ne crois-tu pas que la Pelote Basque était la bonne fée qui avait dès leur enfance doté tous ces jeunes gens des plus belles qualités physiques ? Ce sport n'est-il pas en effet un des seuls — je parle surtout de la Pelote à mains nues — qui puisse être pratiqué sans inconvénients par de jeunes enfants Il a plusieurs mérites, dont les principaux sont de développer également les bras droit et gauche et ensuite de donner aux jeunes l'adresse, l'esprit de lutte et de discipline nécessaires dans tous les sports.

C'est pourquoi je suis convaincu que si les équipes du Pays Basque ont connu, au temps où le rugby était encore une lutte sportive, des succès retentissants, c'est grâce à la pratique, dès l'enfance, de la Pelote Basque.

FERNAND FORGUES

Président d'Honneur de l'Aviron Bayonnais

Président du Comité Côte Basque de la F. F. P. B.

D'ailleurs, combien d'internationaux de rugby furent ou sont des pelotaris.

Tu te souviens de Peyroutou et Larribau qui furent nos co-équipiers et que la guerre a fauches comme elle a pris Hedembaigt, Pœydebasque, Iguiniz et bien d'autres.

Il serait long de dresser la liste de tous ceux dont la Pelote Basque fut la bonne fée : Jauréguy, Lasserre, Magnanou, Moureu et tant d'autres. Quant à Sebédio, ses succès en Pelote valent ses succès en Rugby.

Mais il y en a d'autres encore qui n'ont jamais pratiqué officiellement le sport de la Pelote Basque mais qui pourtant en ont profité dès leur jeunesse. A Janson de Sailly par exemple, nous jouions beaucoup à mains nues : les meilleurs étaient en même temps des joueurs de football et de rugby. Avec quelle énergie, dès le roulement de tambour annonçant la fin de la classe, nous nous précipitions pour conquérir en vitesse le mur où nous nous retrouvions presque toujours les mêmes : Burgun, Legrain, Géo André et moi. Et c'était la partie acharnée qui nous entraînait pour les matches du dimanche.

Un jour il m'arriva une aventure déplorable nous avions avec quelques camarades dont Alzujeta et Coudeu, introduit subrepticement nos chisteras et devant une nombreuse galerie de camarades nous commencions à donner sous le préau une merveilleuse démonstration de ce sport. Hélas! trois fois hélas! le surveillant général surgit et il nous fallut dire adieu non seulement à notre démonstration, mais encore aux matches de football du jeudi. La pelote était, au lycée, un sport subversif et trop dangereux pour le materiel, les vitres des fenêtres notamment.

Et maintenant pour terminer, mon cher ami, laisse-moi te dire qu'en plus de l'agrément sportif, j'apprécie infiniment dans la Pelote Basque la charmante camaraderie qui y règne. Ce sport qui est peut-être le plus ancien de tous, et sans doute à cause de cela, a gardé les vieilles traditions de loyauté et d'honnêteté qui en font encore le refuge de l'amateurisme.

Avec M. Ybarnegaray, notre cher président, avec notre secrétaire M. de Saint-Pastou, avec toi, avec tous les membres du Conseil de la Fédération, je suis convaincu que la Pelote Basque sera de plus en plus le sport éducateur.

Et plus tard, nos enfants diront comme nous : la Pelote Basque nous a donné la santé, de bons souvenirs et de bons amis.

N'est-ce pas là notre véritable but ?

Pierre FAILLIOT

Ex-International de Rugby,
Président du Comité de Paris de Pelote Basque.

Au bout du fil

Réfrigérateurs domestiques spéciaux pour la conservation des provisions familiales. Appareils de dimensions réduites pouvant se placer partout.

Au bout du fil électrique qui dispense déjà chez vous lumière, force et chaleur, vous relierez maintenant Frigidaire, le réfrigérateur électrique idéal, qui transforme le courant en froid nécessaire à la conservation rigoureuse des denrées alimentaires. Entièrement automatique, Frigidaire économise lui-même le courant. Sa réfrigération sèche et intense est exactement calculée pour entraver toute altération microbienne. Il n'exige aucun approvisionnement, aucun soin. Frigidaire n'a besoin de personne pour accomplir bonne et salutaire besogne. Nous avons le modèle qui vous convient, venez le voir.

Agence Officielle :

Ets. J. d'ARCANGUES

13, Rue de Larralde

BIARRITZ

Tél. 12.24 et 9.60

Frigidaire

RÉFRIGÉRATION ÉLECTRIQUE

Résultats de la Grande Semaine

des Sports Basques 1927

Dimanche 28 Août. — Saint-Jean-de-Luz, fronton de Campos-Berri : Championnat international de blaid à mains nues. Léon Dongaïtz et Arcé (France) battent Ulacia et Altuna (Espagne) par 30 points à 16.

Lundi 29 Août. — Biarritz, fronton d'Aguiléra : Championnat de France au blaid à chistera en place libre. Olharroa-Guéthary, tenant du titre (Albert Harispe, avant gauche ; Gelos, avant droite ; Majescas, arrière) bat U .S. de Cambo (Haritschellar, avant gauche ; Toulet, avant droite ; Martinez, arrière) par 60 points à 42. Olharroa-Guéthary conserve le « Challenge Henry Paté ».

Mardi 30 Août. — Hendaye, fronton de Gaztellu-Zahar. Coupe des Jeunes à mains nues en place libre.

Ustarritz (Sallaberry et Elissalde) bat Hasparren (Darritchon et Argainart) par 40 points à 32.

Ustaritz devient détenteur pour un an de la « Coupe des Jeunes ».

Championnat de France à pala en place libre :

Olharroa-Guéthary (Gelos et Harispe) bat Aviron Bayonnais (Chasseriau et Guéraçague) par 50 à 29.

Mercredi 31 Août. — Guéthary, Fronton Municipal : Championnat international au blaid à chistera en place libre (amateurs). Gelos, avant droite ; Albert Harispe, avant gauche, international 1924 ; Magescas, arrière international 1924 (France) battent Sagarna, champion olympique, Hernandorena et Mendizabal (Espagne) par 60 points à 49. Juges : MM. Antonio Elosegui, J. de Saint-Pastou et J.-B .Vergon.

Jeudi 1er Septembre. — Ustaritz, Fronton Municipal : Finale du Championnat de France à mains nues en place libre. Sport Athlétique Bordelais, tenant du titre (Ledesma, champion olympique, et Mourguiart) bat Villefranque (Saint-Martin et Eskerra) par 40 points à 27. Le S. A. B. conserve le « Challenge Henry Paté ».

A Bayonne, Trinquet Moderne : Finale du Championnat de France au jeu de pasaka :

Saint-Palais (Berrogain et André Loustalot) bat Saint-Jean-de-Luz (Lahirigoyen et P. Recalde) par 13 jeux à 9.

Heuty, Irribaren, Hirigoyen (d'Ustaritz) victorieux au yoko-garbia dans la « Coupe des Jeunes »

Vendredi 2 Septembre. — Saint-Jean-de-Luz, Fronton des Allées : Finale du Championnat de France de rebot. Sport Athlétique Mauléonnais (Laurent d'Andurain, Henri Heugas, Pierre Beguerie, A. de Souhy et Parott) bat Saint-Jean-de-Luz (docteur Dotezac, Ermoni, Laronde, D. Doyhenart et Aira) par 16 jeux à 14. Juges : Enrique Embil, Joachim Elissague, Claverie, Louis Dassance et abbé Elissalde.

Cette partie fut particulièrement émouvante.

Après trois heures de jeu, Saint-Jean-de-Luz menait par 12 jeux à 5 et semblait devoir gagner facilement la partie ne comportant que 13 jeux. Redressement soudain du camp de Mauléon qui prend 6 jeux et égalise à 12. Les deux adversaires se mettent d'accord pour rejouer à 4 jeux. Finalement Mauléon s'assure le titre par 4 jeux à 2 et remporte pour la seconde fois la « Coupe Lesca ».

Fronton de Campos-Berri : Championnat international au yoko-garbia. (Toutes catégories.) Recondo, Enrique et Victor Embil (Espagne) battent Bidaur, Pancho et Gaby (France) par 50 points à 49. Cette rencontre fut de loin la plus acharnée et la plus belle de toute la Grande Semaine.

Samedi 3 Septembre. — Sare, Fronton Municipal : Championnat international au rebot. Victor Embil, Enrique Embil, Recondo, Lissasso et Salaberieta (Espagne) battent Goyetche, J. Pierre Lemoine, Patsola, Pancho et Chantako (France) par 15 jeux à 13.

Commencée à 11 heures précises, cette grande partie n'était pas terminée à 14 heures 30, le camp français ayant égalisé à 12. Les Espagnols et les Français décidèrent de recommencer en trois jeux, que l'Espagne gagna contre un jeu à la France.

Par cette victoire, le camp espagnol remporte définitivement la Coupe Lissar.

Coupe des Jeunes au yoko-garbia :

Société Kapito-Harri d'Ustaritz (Heuty, Iribarren, Hirigoyen) bat Saint-Palais par 50 points à 28. Ustaritz remporte pour un an la Coupe Mayi Elissague.

Dimanche 4 Septembre. — Biarritz : Finale du Championnat de France au yoko-garbia, renvoyée au 8 septembre, à Saint-Jean-de-Luz, en raison de la pluie.

Jeudi 8 Septembre. — Saint-Jean-de-Luz : Fronton de Campos-Berri : Finale du Championnat de France au yoko-garbia :

Aviron Bayonnais, tenant du titre (François Iribarne, avant gauche ; Jean Ybarnégaray, avant droit ; Fernand Forgues, arrière) bat Section Paloise (Henry Prat, avant droit ; Firmin Prat, avant gauche et docteur Anthony, arrière) par 50 points à 37. L'Aviron Bayonnais s'assure le titre et la Coupe Fraisse.

L'Équipe du Sport Athlétique Bordelais (à droite)
victorieuse, en finale du Championnat de France, de celle de Villefranque (à gauche)

Imp. de LA GAZETTE, Biarritz

biarritz-bonheur

les magasins

les plus élégants

toutes les nouveautés

www.ingramcontent.com/pod-product-compliance
Lightning Source LLC
LaVergne TN
LVHW010034230826
846091LV00005B/1699

9782329204949